Lebe, was du bist: Königin und wilde Frau

P. ANSELM GRÜN: Welche Frau fühlt sich schon wie eine Königin? Und wie viele würden sich gar als wilde Frauen bezeichnen? Viele Frauen spüren zwar die Faszination dieser Bilder, doch leider erlauben sich die wenigsten diese Facetten ihrer Weiblichkeit. Was viele Frauen heute bewegt, ist vor allem die Sehnsucht nach Freiheit und Unabhängigkeit. Sie sind auf der Suche nach dem Potenzial, das in ihnen steckt.

LINDA JAROSCH: *Für dieses Heft haben wir einige weibliche Archetypen ausgewählt und sie mit biblischen Frauengestalten in Beziehung gesetzt. Über den Anfang des Textes haben wir die beiden archetypischen Bilder der wilden Frau und der Königin gesetzt. In diesen Bildern kommen für uns am besten die Grundeigenschaften zum Ausdruck, die eine Frau lebendig halten. Gemeinsam erzeugen sie Energie. Wenn eine Frau die wilde Frau und die Königin in sich zulässt, dann wird sie auch alle anderen Bilder mit Kraft erfüllen, sei es das Bild der Mütterlichen, mit dem die feministische Bewegung so große Probleme hatte, das Bild der Liebenden, der Künstlerin, der Prophetin oder*

der Kämpferin. In all diesen und weiteren Bildern können Frauen ihr eigenes Potenzial weiblicher Stärke entdecken und zu neuer Lust am Leben finden.

Viele Frauen wollen sich heute nicht mehr in die Rolle früherer Jahrhunderte drängen lassen – in die Rolle von Frauen, die im Hintergrund alles für den Mann erledigen. Sie verlangen nach Freiheit und Unabhängigkeit. Sie wollen ihre eigene Würde leben.

Dem entspricht der Archetyp der Königin. Jede Frau hat eine Königin in sich. Aber oft genug vergessen Frauen in der Alltagsarbeit – gerade in der Arbeit im Haushalt und in der Kindererziehung – dieses »Königinsein«.

Mit dem Bild der wilden Frau tun sich auch viele moderne Frauen eher schwer. Auf der einen Seite sind sie fasziniert von der Unabhängigkeit und Kraft, die von diesem Bild ausgeht. Auf der anderen Seite trauen sie sich nicht, dieses Bild zu leben. Sie haben Angst, von ihrer Umgebung als Furie oder Zicke abgestempelt zu werden.

Die Bibel beschreibt uns viele Frauengestalten. Unter ihnen sind die Bilder der Königin und der wilden Frau repräsentiert durch die Königin Esther und durch Tamar.

Debora – die Richterin

Das archetypische Bild der Richterin bringt Frauen in Berührung mit ihrer Fähigkeit, zu unterscheiden, was gut und was böse, was Recht und Unrecht ist. Die Richterin rückt die Verhältnisse zurecht, damit sie für alle stimmen. Sie macht das, was unstimmig geworden ist, richtig. Sie richtet Gebeugte auf. Sie selbst geht aufrecht und aufrichtig durchs Leben.

Dieses Bild der Richterin ist in der Bibel durch Debora beschrieben. Sie trat auf, als das Volk Israel in Gefahr war, auseinanderzufallen. Zu ihr ging man, um sich Rat zu holen oder Rechtsfragen zu klären. Debora hat schon damals eine Führungsaufgabe übernommen.

Heute gibt es viele Frauen in Führungspositionen. Sie können an Debora ablesen, wie sie als Frau führen können, ohne sich dem männlichen Führungsstil zu unterwerfen. Die Frau kann als Anführerin Machtkämpfe vermeiden. Sie traut ihrem Gespür. Sie sieht hinter die Dinge. Sie führt nicht in erster Linie mit verkrampfter Anstrengung, sondern mit Intuition und Klugheit, mit Fantasie und Gespür für den rechten Augenblick.

Debora ist auch ein Bild dafür, wie Frauen mit der Angst eines Mannes umgehen können. Sie hat den Mann in seiner Angst wahrgenommen, aber sie hat ihn nicht geschwächt. Er darf bei ihr seine Angst zulassen, er wird nicht lächerlich gemacht. Das allein schafft Vertrauen.

Debora gab dem Mann das Vertrauen in die eigenen Kräfte wieder, damit er auch als Mann handeln konnte. Das ist ein schönes Bild für das Wirken der Frau als Richterin heute: Ihre Grundhaltung ist die Achtung vor dem anderen, vor seinem Recht auf Leben. Die Richterin spürt, wer der Schwächere ist, und steht ihm bei, sie schafft ein Gleichgewicht. Die Richterin lässt nicht zu, dass jemand dem anderen das Recht auf seine eigene Meinung nimmt. Sie richtet nicht, sie macht vielmehr alles stimmig.

Esther – Die Königin

Der Archetyp der Königin lässt die Augen vieler Frauen aufleuchten. Frauen sehnen sich danach, die Königin in sich zuzulassen. Sie sind es leid, von Männern in Rollen gedrängt zu werden, die sie klein machen. Doch oft trauen sich Frauen nicht, der Königin in sich Raum zu geben. Sie bleiben lieber in der zweiten Reihe stehen. Eine Königin herrscht selbst und lässt sich nicht beherrschen. Sie geht aufrecht und zeigt sich. So eine Königin war Esther. Sie kam als jüdisches Mädchen an den königlichen Hof des Perserkönigs Artaxerxes. Sie war auf sich allein gestellt. Aber sie hat für sich gekämpft und sich gegen andere Rivalinnen durchgesetzt. Sie wurde als Königin eingesetzt. Auch in dieser Position hatte sie manche Intrige zu überwinden. Aber sie vertraute darauf, dass Gott ihr beistand. So ließ sie sich nicht unterkriegen. Sie wusste um ihre einfache Herkunft. Und doch stand sie zu ihrer Würde.

Frauen leben den Archetyp der Königin, wenn sie in ihrem Reich herrschen, auch wenn dieses Reich manchmal nur das eigene Haus ist. Auch die einfachen Arbeiten verrichten sie aufrecht – gleichsam im Bewusstsein der Königin, die alles ordnet und regiert.

Die Königin in der Frau verkörpert die Sehnsucht nach unserer wahren Größe. Sie führt uns zu Würde und Selbstachtung und zur Verantwortung für unser Leben. Die Königin weiß um ihre Würde, und diese Würde lässt sie sich von niemandem nehmen. Sie ist sich ihres eigenen Wertes bewusst, und sie weiß, ihr Wert kommt nicht von anderen, sondern aus der Achtung vor sich selbst. Das Wissen um ihr inneres Königtum verleiht einer Frau Kraft und Gelassenheit. Abwertungen und Lächerlichmachen können die Königin in uns nicht verletzen, denn unser innerster Wert ist nicht angreifbar.

Frauen wünschen sich zutiefst, dieses Wissen zu verinnerlichen, dass ihr eigener Wert von niemandem geschwächt werden kann. Aber sie spüren, wie sehr sie in ihrem Alltag herausgefordert sind, aus diesem Wissen auch zu leben. Wie oft machen sie die Erfahrung, wenn sie durch jemanden verletzt werden, dass sie sich tagelang davon belastet fühlen. Wenn Frauen in dieser Situation bewusst die Königin in sich suchen, die sich selbst achtet und über sich bestimmt, sind sie wieder in ihrer Kraft. Sie bleiben Königin in ihrem Reich.

Die Königin herrscht nicht nur in ihrem Reich, sie schützt auch dessen Grenzen. Feinde lässt sie nicht in ihr Reich eindringen. Ein wesentlicher Aspekt der Königin ist daher auch, dass sie sich gut abgrenzen kann. Viele Frauen tun sich damit schwer, Grenzen zu setzen. Sie haben Angst, dann nicht mehr beliebt zu sein bei anderen Menschen. Sie fühlen sich allein, wenn sie sich abgrenzen. Doch wer Königin ist in seinem Reich, kann Grenzen setzen und das eigene Reich genießen. Eine solche Frau spürt, dass die Beziehungen klarer werden. »Grenzenlose« Frauen verlieren ihre Konturen. Die Königin steht zu sich. Sie hat es nicht nötig, sich den Erwartungen der anderen anzupassen oder darum zu buhlen, bei allen beliebt zu sein. Sie ist aufrecht. Sie steht zu sich und lässt auch andere in sich stehen.

Das Bild der Königin führt mich zur Selbstachtung und zu meiner eigenen Würde. Das verändert meine Einstellung zu mir selbst. Wenn ich etwas entscheiden muss, frage ich mich oft aus der Haltung der Königin heraus: Was bin ich mir wert? Dann liegt die Antwort oft klar auf der Hand. Das Bild der Königin ist für mich in allen Bereichen eine stärkende, aufrichtende Kraft. Sie gibt mir das Gespür für Selbstachtung, und das macht mich unabhängiger gegenüber Abwertungen, weil ich mir denke: Wer will mich bewerten? Es ändert nichts an meinem inneren Wert. Es bereichert mich auch, andere Frauen in ihrem Königinsein zu bestärken.

Eva – die Mutter

Eva wird von der Bibel als die Mutter des Lebens bezeichnet. Heute reagieren viele Frauen allergisch auf den Archetyp der Mutter. Sie haben Angst, auf ein Bild festgelegt zu werden, das für sie nicht stimmt. Doch auch alleinstehende Frauen können vom Archetyp der Mutter profitieren.

Jede Frau hat etwas Mütterliches an sich. Die Mutter hegt und pflegt. Die Art und Weise, wie Frauen im Beruf arbeiten, kann diese mütterliche Dimension zum Ausdruck bringen. Frauen werden auch in Führungsaufgaben immer dem Leben dienen und dafür sorgen, dass die Menschen um sie herum wachsen, dass sie genügend haben, was sie nähren und stärken kann. Die Mutter bejaht das Leben und die Welt. Sie schenkt dem Kind Urvertrauen. Mütterlichkeit ist eine optimistische Haltung der Welt gegenüber. Sie atmet Barmherzigkeit und Milde, Fürsorge und Wärme. Für die Indianer ist Mütterlichkeit der höchste spirituelle Grad. Die Frauen, die das Mütterliche in sich entdecken, werden – so glauben die Indianer – offen für Gott, offen für das Geheimnis des Lebens.

Immer wenn Frauen offen sind für etwas Neues, das aus ihnen hervorkommen will, sind sie mütterlich. Immer wenn sie achtsam mit dem Neuen umgehen und es in Ruhe wachsen lassen, sind sie mütterlich. Mütterlichsein, auch ohne Kinder, bleibt immer Teil des Frauseins und Ausdruck weiblicher Lebendigkeit. Wie eine Frau diese Lebendigkeit ausdrückt, obliegt ihrer persönlichen Entscheidung und macht die weibliche Vielfalt aus.

Einige Frauen fühlen sich zufrieden, wenn sie für andere Menschen kochen und es ihnen schmeckt. Andere Frauen wiederum können Menschen geistige Nahrung geben oder sie auch spirituell nähren. Viele Frauen finden auch Erfüllung darin, anderen Menschen dabei zu helfen, gesund zu werden und sich zu entwickeln. Frauen handeln ebenfalls mütterlich, wenn sie eine Organisation ins Leben rufen, die Lebendiges schützen oder erweitern will.

Ist eine Frau Mutter geworden, will sie in ihrem Kind die Freude am Leben wecken, sie will ihm Liebe geben, es nähren und für es sorgen. Sie will ihm das Leben erklären und es vertraut machen mit dem, was es lernen muss. In dieser Aufgabe lernt die Frau viel über sich selbst. Sie erfährt sich auf eine Weise, wie sie sich bisher nicht erfahren hat.

Der Feminismus hat Frauen in vielem gestärkt, er hat aber auch dazu beigetragen, dass Frauen ihre mütterlichen Gaben nicht mehr genug achten. Wenn Frauen das Mütterliche in sich nicht genug wertschätzen, warten sie oft darauf, dass es andere für sie tun. Frauen müssen sich selbst anerkennen im Wert und in den Gaben ihrer Mütterlichkeit.

Schon als Kind wollte ich immer Mutter werden. Das lag einfach in mir. Sicher hat mich auch geprägt, dass meine Mutter in ihrer Aufgabe Erfüllung gefunden hatte. Ich wollte auch gerne für andere sorgen und für sie da sein. Aber ich musste als Mutter auch lernen, meine eigenen Bedürfnisse nicht nur hintanzustellen, sondern auch auf meine Wünsche zu schauen. Wenn ich mich mal frustriert erlebt habe, war das immer ein Zeichen für mich, dass ich wieder mehr auf die Frau in mir achten musste. Schließlich ist ein Ausdruck unserer Mütterlichkeit auch, nährend und fürsorgend uns selbst gegenüber zu sein. Das Muttersein hat mir die Möglichkeit gegeben, noch ganz andere Seiten von mir zu leben, als sie im Beruf gefragt waren. Es hat mich auch weiter und verständnisvoller gemacht gegenüber allem, was Menschen fühlen und ausdrücken.

Hagar – die Verlassene und vom Engel Geschützte

Die Weltliteratur ist voll von Erzählungen über verlassene Frauen. Immer wieder geschieht es, dass Männer ihre Frauen verlassen. Im Alten Testament ist das Urbild einer verlassenen Frau Hagar, die Sklavin Abrahams. Aber diese verlassene Frau fühlt sich zugleich unter dem besonderen Schutz Gottes. Als Abraham sie verlässt, weil er sich nicht gegenüber seiner Frau Sara durchsetzen kann, flieht Hagar mit ihrem schreienden Sohn auf dem Arm in die Wüste. Als sie nicht mehr weiter kann und ihr Kind voller Verzweiflung in den Ginsterstrauch wirft, kommt ein Engel vom Himmel und zeigt ihr den Brunnen des Lebens, aus dem sie sich stärken kann.

Es ist immer schlimm, wenn eine Frau sich von ihrem Mann verlassen fühlt. Doch Hagar entdeckt dank des Engels in sich selbst eine Quelle, aus der sie trinken kann. Sie hat in sich Ressourcen, aus denen sie schöpfen kann. Sie ist nicht abhängig vom Mann. Sie besitzt in sich eine Quelle, die nie versiegt. Aus dieser Quelle trinkt sie. Sie gibt sich selbst nicht auf. Sie geht gestärkt aus der Verlassenheit hervor.

Eine Frau im mittleren Alter musste erleben, dass sie nach dreißig Jahren von ihrem Mann wegen einer jungen Frau verlassen wurde. Sie hatten gemeinsam Kinder großgezogen und ein großes Haus gebaut. Der Mann konnte seiner Karriere nachgehen, weil die Frau zu Hause alles organisiert und gemanagt hatte. Sie war durch das Weggehen ihres Mannes zutiefst verletzt und am Ende ihrer Kräfte. Nach einer schwierigen Zeit, in der sie sich der Situation gestellt hatte, sagte sie auf einmal den Satz: »Vielleicht war es ja auch ein Geschenk an mich, das mein Mann mir damit gemacht hat. Ich bin jetzt gezwungen, mich einmal ganz auf mich zu konzentrieren und ganz neue Seiten an mir zu entdecken.« Wenn ich in meinem Leben Gefühle von Verlassenheit gespürt habe, gab es fast immer einen Menschen, der wie ein Engel neben mir war. Wenn mein Mann von Berufs wegen längere Phasen nicht da sein konnte, habe ich mich manchmal verlassen gefühlt. Aber zugleich war es für mich eine Herausforderung, ganz aus eigener Kraft zu leben. Ich wusste, es geht jetzt darum, mich selbst nicht zu verlassen, sondern zu spüren, was ich jetzt brauche und was mir guttut. Manchmal war es eine Hilfe, jemanden anzurufen. Statt Verlassenheitsgefühlen habe ich dann Verbundenheitsgefühle gespürt. Danach war alles leichter. Und es gab auch eine Neugier in mir, was ich jetzt allein aus mir hervorbringen kann.

Judith – die Kämpferin

Viele Frauen haben den Eindruck, dass sie ständig kämpfen müssen. Oft sind sie des Kämpfens müde. Sie sehen auch im archetypischen Bild der Kämpferin kein helfendes Bild. Und doch kann dieses Bild viele Frauen mit den Kräften in Berührung bringen, die in ihnen bereitliegen. Die Kämpferin kämpft nämlich niemals gegen jemanden, auch nicht gegen die Männer, sondern immer für das Leben und für sich selbst.

Im Alten Testament ist Judith die große Kämpferin. Sie befreit durch ihren Kampf ganz allein das Volk von der Gefahr, indem sie sich in den Bereich des feindlichen Heeres hineinwagt und dessen Feldherrn Holofernes den Kopf abschlägt.

Sie ist eine mutige Frau, die keine Angst vor dem Feind hat. Judith hat mit ihrem Kampf ihr Volk vor dem Feind geschützt. So ist der wichtigste Aspekt der Kämpferin nicht, dass sie mit allem und jedem kämpft, sondern dass sie sich schützt, dass sie sich abgrenzt gegen feindliche Tendenzen ihrer Umgebung.

Kämpfen hat immer etwas Aktives. Es bedeutet, das Leben selbst in die Hand zu nehmen, dem entgegenzutreten, was einen selbst und andere am Leben hindern will.

Die Kämpferin in uns ist die Hüterin über verletzbares Leben. Sie braucht die Aggression, um ihre Verletzlichkeit zu schützen. Sie kennt ihre empfindsamen Seiten, sie weiß, was sie kränkt, und sie hat gelernt, damit achtsam umzugehen. Sie kämpft für sich, für ihre Würde als Frau und um ihr inneres Kind zu schützen, sie kämpft für bessere Lebensumstände. Die Kämpferin verfügt über ein gutes Gespür, wann andere sie schwächen wollen durch Abwertung, durch Vorwürfe oder Schuldgefühle. Denn sie setzt ein entschiedenes Nein dem anderen entgegen: »Halt! Auf dieser Ebene will ich nicht mit dir reden. Aber ich höre zu, wenn du mir offen sagst, was du wirklich willst.« Sie nimmt ihre Aggression wahr und setzt sie ein als Zeichen der Abgrenzung und des Schutzes für sie selbst. Sich selbst zu schützen verleiht jeder Frau Stärke und Kraft.

Als jüngere Frau hatte ich oft das Gefühl, dass ich die Kämpferin in mir stärker entwickeln müsste. Als ich mich für bessere Lebensbedingungen für Familien eingesetzt habe, habe ich mich als starke Kämpferin erlebt. Aber wenn andere mich persönlich angegriffen und abgewertet haben, habe ich mich oft wehrlos gefühlt. Das hat mich im Nachhinein immer geärgert. Aber in der Situation fiel mir meist nicht das Richtige ein, was ich hätte erwidern können.

Zu dieser Zeit habe ich mir von anderen noch ihre Spielregeln aufzwingen lassen. Aber es hat mich auch auf *den Weg gebracht, der Kämpferin in mir mehr Kraft zuzugestehen. Meinen Stand finde ich darin, mich selbst zu achten, wo ich verletzlich bin und was mir wertvoll ist. Daraus kann ich mich schützen und anderen entgegentreten, wenn sie dies nicht tun. Das ist ein ständiger Übungsweg, der die Kämpferin in mir lebendig hält.*

Lydia – die Priesterin

In fast allen antiken Religionen und Kulturen waren Frauen Priesterinnen. In Rom gab es die Vestalinnen, die Hüterinnen des heiligen Feuers. Für mich ist das ein schönes Bild für das Wesen der Priesterin. Sie hütet und schützt das heilige Feuer, das Feuer der göttlichen Liebe in ihr selbst und in den Menschen um sich herum. Sie hat ein Gespür für das Heilige, das in jedem Menschen ist.

Und sie geht so mit den Menschen um, dass sie selbst mit dem Heiligen in sich in Berührung kommen, mit ihrer göttlichen Würde, mit dem Heiligen, das der Welt entzogen ist, über das die Welt und ihre Maßstäbe keine Macht haben.

Das Neue Testament nennt uns keine Priesterinnen im Sinne eines Amtes oder Kultes. Doch es gab in der frühen Kirche viele Frauen, die Jesus genauso nachfolgten wie die Männer und die vor allem in den ersten Gemeinden eine wichtige Rolle spielten.

Lukas berichtet uns von der Purpurhändlerin Lydia. Sie repräsentiert für mich den Archetyp der Priesterin. Sie hütet den heiligen Raum in sich selbst und sie hat die Fähigkeit, die Menschen mit dem heiligen Raum der Stille, in dem Gott in jedem wohnt, zu entdecken und aus diesem Raum heraus anders in dieser Welt zu leben, in einer Freiheit, die niemand uns zu rauben vermag.

Die priesterliche Frau verkörpert die spirituelle Seite unseres Frauseins. Sie verbindet Himmel und Erde. Sie steht mit beiden Beinen geerdet auf dem Boden und streckt sich aus nach oben. In ihren Alltagserfahrungen sucht sie nach dem tieferen Sinn des Lebens. Viele Frauen fühlen sich vom Bild der priesterlichen Frau angesprochen. Sie tragen eine Sehnsucht in sich, diesem Bild nahezukommen. Sie spüren, dass sie nicht alles selbst lösen können. Ihre Begrenzung zu erfahren, macht sie bereit, auf eine höhere Kraft zu hoffen. Die priesterliche Frau lebt aus einer inneren Kraft heraus, die sie auch anderen weitergeben möchte. Sie möchte trösten und aufrichten, sie möchte Barmherzigkeit ausstrahlen. Diese Fähigkeit, aktiv zu le-

ben, ist nicht an ein kirchliches Amt gebunden. Vielmehr hat eine priesterliche Frau gelernt, im Ausdruck der Menschen mehr zu sehen als das Vordergründige. Sie besitzt ein Gefühl für ihre innere Not. Die priesterliche Frau versucht, auch im schwierigen Mitmenschen immer wieder das Göttliche zu finden. Sie legt ihn nicht fest auf das, was sie sieht. Sie spürt auch das Größere in ihm, das Heile.

Meine priesterliche Seite ist mir erst seit ein paar Jahren bewusst. Früher habe ich sie eher verdrängt. Aber ich habe auch nie ein Bild dafür gefunden, das mir gezeigt hätte, was die Kraft der Priesterin in mir sein könnte. Erst in schwierigen Situationen habe ich erfahren, dass die Priesterin in mir ist und mir Stärke verleiht.

Maria Magdalena – die Liebende

In der Weltliteratur werden die Frauen oft als die großen Liebenden dargestellt. Der russische Dichter Dostojewski schildert Sonja in seinem Roman »Schuld und Sühne« als eine große Liebende. Sie vermag den Mörder, der in sich selbst versteinert ist, vom Tod zu erwecken.

Das Johannesevangelium schildert uns Maria Magdalena als die große Liebende. Sie wird gewürdigt, als erste den Auferstandenen zu berühren. Weil sie mehr geliebt hat als alle anderen, durfte sie im auferstandenen Jesus Christus den Sieg der Liebe über den Tod erfahren. Und sie wurde die Apostolin der Apostel, die eigentliche Verkünderin der Auferstehung.

Johannes schildert uns die Begegnung Marias aus Magdala mit dem Auferstandenen wie eine Liebesgeschichte. Er bezieht sich dabei auf das Hohelied der Liebe, in der die Braut früh morgens, als es noch dunkel ist, aufsteht, um den zu suchen, den ihre Seele liebt. So steht Maria auf, um Jesus zu suchen, den ihre Seele liebt, dem sie ihr Leben verdankt. Und wie die Braut möchte sie Jesus festhalten. Aber er verweist sie darauf, dass er zuerst zum Vater aufsteigen muss.

Die Liebe Marias zu Jesus wird in der Auferstehung bestätigt, aber zugleich auch verwandelt. Es ist keine Liebe mehr, die festhält, sondern eine Liebe, die freilässt, die offen ist für den Himmel. Es ist eine Liebe, die stärker ist als der Tod. »Lieben« – so sagt der französische Philosoph Gabriel Marcel – »heißt, zum andern zu sagen: Du, du wirst nicht sterben.«

Auf meine Frage, wann Frauen sich geliebt fühlen, haben einige erwidert: Wenn sie von jemandem im Tiefsten wahrgenommen werden, wenn jemand ihnen in die Seele schaut und erkennt, wer sie sind oder wie sie sich gerade fühlen. Sie sind dann meist innerlich so berührt, dass sie weinen könnten. Dann spüren sie, dass jemand sie zu sich selbst geführt hat, zu ihrer tiefsten Sehnsucht und ihrer Kraft. Sie fühlen sich dann angesprochen, zu lieben, was in ihnen ist und was sie bisher nicht gesehen, noch nicht angenommen haben.

Jede von uns hat das tiefe Bedürfnis, geliebt zu sein und selbst zu lieben. Aber um einen anderen wirklich lieben zu können, brauchen wir als erstes die Liebe zu uns selbst. Damit ist gemeint, dass wir ein liebevolles Interesse für uns selbst pflegen und Fürsorge für uns leben. Wir Frauen meinen oft, bedingungslos zu lieben, knüpfen jedoch in Wirklichkeit eine ganze Reihe von Bedingungen an unsere Liebe. Wir meinen, wenn unser Partner, unser Kind, unsere Eltern anders wären, dann könnten wir sie mehr lieben. Unser Blick richtet sich mehr auf das, was am anderen fehlt. Wir können den anderen nicht sein lassen, sondern wir haben Erwartungen, wie er sein müsste. Es ist die Liebende in uns, die den anderen akzeptieren kann, wie er ist. Sie ist es, die das Gute in ihm hervorlocken will, die ihn zu seiner Größe bringen will. Als Liebende richten wir den Blick mehr auf die Fülle seiner Persönlichkeit als auf den Mangel.

An Maria Magdalena fasziniert mich vor allem der Moment ihrer Heilung. In der Begegnung mit Jesus erfährt sie, was liebende Annahme heißt. Sie erfährt die Liebe, und durch sie wird sie heil. So ist es auch heute noch. Es ist die Liebe, das Gefühl, angenommen zu sein, die etwas in uns heilt und uns dazu bringt, stärker zu lieben als zuvor.

Maria – die Wandlerin

An Maria, der Mutter Jesu, scheiden sich die Geister. Viele Frauen finden ihre eigene Identität in einer gesunden Marienfrömmigkeit, doch manche reagieren allergisch auf das Bild Marias. Sie haben Angst, dass man ihnen mit ihr ein Frauenbild überstülpen möchte, das ihnen nicht entspricht. Die Kunst hat wunderbare Marienbilder geschaffen: die Madonna, die schöne Frau, die Mutter, die kontemplative Frau, die Königin, die Schutzmantelmadonna.

Lukas schildert uns Maria vor allem als Vorbild des Glaubens und als mutige Frau, die sich auf Gott einlässt und darauf vertraut, dass Gott die männlichen Maßstäbe dieser Welt zerbricht und eine neue Ordnung schafft, die eher den Vorstellungen der Frauen entspricht.

Johannes sieht Maria als die Wandlerin. Bei der Hochzeit zu Kana hat sie ein Gespür dafür, dass das Alte nicht so bleiben kann, wie es war. Die alten Gesetze und Kultvorschriften sind schal geworden. Es braucht das Neue, den Wein des Evangeliums.

So bittet sie Jesus, ihren Sohn, das schal gewordene Wasser in Wein zu verwandeln und dadurch unserem Leben einen neuen, einen göttlichen Geschmack zu verleihen. Maria setzt den Prozess der Wandlung in Gang. Sie ist die Mutter der Wandlung.

Frauen haben oft das Gefühl, dass immer sie es sind, die spüren, wenn in ihrer Beziehung etwas fehlt. Sie ärgern sich darüber, dass nur selten die Männer Fehlendes in der Partnerschaft ansprechen. Sie meinen dann, ihre Beziehung sei diesen nicht so wichtig wie ihnen selbst, sonst würden sie doch darüber reden.

Wenn Frauen ihr Gespür als eine Gabe sehen, die aufdeckt, was im Miteinander nicht mehr richtig funktioniert, dann muss diese Gabe es ihnen wert sein, sie auch in ihre Beziehungen einzubringen. Sie können so in Eingefahrenes eine neue Lebendigkeit bringen und damit etwas wandeln.

Mir ist das Bild der Wandlerin sehr vertraut. Ich empfinde mein Leben ständig im Wandel. Manchmal waren es äußere Umstände, die mich dazu gebracht haben, Neues in mir zu entwickeln, aber es war auch meine Neugierde, immer wieder neue Seiten an mir zu entdecken und zu leben.

Marta und Maria – die Gastgeberin und die Künstlerin

Frauen sind oft wunderbare Gastgeberinnen. Sie nehmen gerne Gäste in ihr Haus auf, damit diese sich dort zu Hause fühlen. Eine Gastgeberin schmückt oft liebevoll ihr Haus. Sie ist zugleich eine Künstlerin. Die Gastgeberin und die Künstlerin gehören zusammen. Doch sie stehen auch in Spannung zueinander. Manchmal geht die Gastgeberin zu sehr in ihrer Aufgabe auf, währen die Künstlerin Zeit für sich braucht.

Diese Spannung zwischen der Gastgeberin und der Künstlerin zeigt uns die biblische Geschichte von Marta und Maria. Marta geht in ihrer Rolle als Gastgeberin so auf, dass sie gar kein Gespür dafür hat, was die Gäste wirklich wollen. Sie will Jesus bewirten, hat aber gar keine Zeit, zu hören, was er ihr zu sagen hat. So ärgert sie sich über ihre Schwester Maria, die sich

Jesus zu Füßen setzt und ihm einfach zuhört, was er ihr sagen möchte.

Es geht nicht darum, Marta und Maria gegeneinander auszuspielen. Beide verkörpern wichtige Seiten einer Frau. Aber auch hier ist oft Marta die lautere. Sie hat alle Argumente für sich. Sie tut etwas für die Gäste, während Maria, die Hörende, die Künstlerin, nichts vorzuweisen hat. Sie sitzt einfach nur da und lauscht den Worten Jesu. Man könnte auch sagen: Sie horcht in sich hinein, um zu spüren, was ihr von innen heraus an Inspiration kommt.

Maria und Marta gehören zusammen. Ohne Maria wird Marta blind in ihrer Arbeit. Aber Maria braucht auch Marta, denn sonst wird sie nie handlungsfähig werden. Die Künstlerin in uns ist die sinnenfrohe Frau, die Kreative, die aus der eigenen Mitte heraus gestalten will. Sie sucht sich einen Ausdruck für das, was sie im Innersten bewegt. Ihre Freude oder ihr Kummer, ihre Lebenslust oder einfach ihr Sinn für Schönes wollen aus ihr heraus. Das macht sie schöpferisch.

Viele Frauen in meinen Seminaren erklären, sie hätten nichts Künstlerisches an sich. Sie sehen in der Künstlerin nur die, die ein schönes Bild malt, die Gedichte schreiben kann oder die vielleicht musikalisch ist. Wenn sie aber davon sprechen, dass sie gerne Tagebuch schreiben oder auch gerne kochen und ihren Tisch schön decken, spüren sie auf einmal, dass sie die Künstlerin in sich haben.

Wenn Frauen nach längerer Zeit wieder mehr Kontakt zur Künstlerin in sich gefunden haben, sprechen sie davon, wie sehr sie diese Kraft vermisst haben. Sie spüren durch sie, wie viel Lebendigkeit in ihnen steckt, und die wollen sie ausdrücken. Es geht dabei nicht um Berühmtheit und Applaus, sondern darum, dass wir mit unserem Innersten in Verbindung sind und ihm durch sinnlichen und spielerischen Ausdruck eine Form geben.

Rut – die Fremde

Oft fühlen sich Frauen fremd in der Welt. Sie wissen um ihren doppelten Ursprung. Sie haben in sich die Ahnung bewahrt, dass sie aus einer anderen Welt kommen. Für Männer bleibt eine Frau oft das undurchsichtige Wesen, das sie nicht verstehen, das ihnen bei aller Nähe und Faszination doch auch fremd bleibt.

Wenn sich Frauen mit dem Archetyp der Fremden auseinandersetzen, verstehen sie sich besser und lernen, zu sich zu stehen. Sie brauchen sich nicht dafür zu entschuldigen, dass sie aus einer anderen Welt kommen als der oberflächlichen Umwelt, in der sie leben. Sie werden dankbar für das Geheimnis, das in ihnen verborgen ist, für das Fremde, Unbekannte, Unbeschreibliche.

In der Bibel ist es Rut, die den Archetyp der Fremden verwirklicht. Sie kommt aus einem anderen Land, aus einer anderen Kultur. In der Antike war die fremde Frau immer auch das Unheimliche, die man nicht einordnen konnte. Man schrieb ihr unbekanntes Wissen zu, Fähigkeiten, die man selbst nicht beherrschte. Manchmal verband man mit ihr auch das Bild der Zauberin, die alles verzaubern oder aber – im negativen Sinn – verhexen konnte.

Im Mittelalter brach eine regelrechte Hexenverfolgung aus. Sie zeigte die Angst der Männer vor dem Fremden und Unbekannten in der Frau. Vor allem Männer wollten das unbekannte und unheimliche Wesen der Frau vernichten, um sich nicht mehr mit ihr auseinandersetzen zu müssen. Doch das hat zur Verrohung und Verwüstung der Sitten beigetragen.

Eine Frau, die in die Fremde geht, muss für sich allein stehen können. Sie muss erst einmal aushalten, niemanden zu kennen und auch von niemandem gekannt zu werden. Sie muss sich selbst aushalten, denn sie kann sich an-

fangs nicht einfach ablenken, indem sie zu Nachbarn oder Freunden geht. In dieser Zeit braucht sie besonders das Gefühl für ihren inneren Wert, sonst hat sie keinen eigenen Stand und fühlt sich verloren. Ihre Sehnsucht nach Zugehörigkeit und nach Kontakt spürt sie in dieser Zeit stärker als je zuvor. Aber daraus findet sie auch den Antrieb, sich zu öffnen und Kontakt zu den fremden Menschen zu suchen. In der Entscheidung, an einen fremden Ort zu gehen, liegt immer auch die Chance, sich frei zu machen von alten Komplexen und den Menschen neu zu begegnen. Manchmal muss man tatsächlich in die Fremde gehen, um seine wahre innere Natur wiederzufinden.

Sara – die Lachende

Göttinnen werden in der Antike oft lachend dargestellt. Es ist ein archetypisches Bild, wenn die Göttin lacht. Ihr Lachen zeigt, dass sie über den Dingen steht, dass ihr die Welt nichts anhaben kann. Alle Frauen lachen gerne. Sie finden sich im Archetyp der Lachenden wieder. In ihrem Lachen kommen sie in Berührung mit der Göttin in sich selbst, die nicht in dieser Welt aufgeht, sondern ihre Distanz zur Welt bewahrt und deshalb darüber zu lachen vermag.

In der Bibel verkörpert Sara die Lachende. Als der Engel dem Abraham in seinem Alter verheißt, dass seine Frau Sara noch ein Kind gebären wird, da lacht Sara in sich hinein: »Ich bin doch schon alt und verbraucht und soll noch das Glück der Liebe erfahren?« Für mich ist dieses Lachen der Sara kein Lachen des Unglaubens, sondern ein Lachen aus Freude, dass sie noch in ihrem Alter das Glück der Liebe erfahren wird. Es ist ein Lachen über die Möglichkeiten, die in ihr stecken. Im Lachen erhebt sie sich über die Enge ihrer Situation. Es ist ein von Gott geschenktes Lachen, ein Lachen der Hoffnung und der Freude über das, was Gott ihr verheißen hat.

Wenn Frauen in einer schmerzlichen Situation stecken oder sie zu viele Pflichten zu bewältigen haben, vergessen sie leicht die lachende Frau in sich. Sie fühlen sich angespannt und freudlos, sie haben keinen Zugang mehr zu ihrer unbeschwerten Seite. Kommen sie dann aber durch eine lustige Begebenheit wieder zum Lachen, spüren sie sofort, wie sehr ihnen diese Energie gefehlt hat. Sie merken, dass das Lachen ihre Anspannung löst, dass sie wieder ein Gespür für Freude und Ausgelassenheit bekommen. Alles erscheint auf einmal leichter, das Lachen bringt sie wieder ins Gleichgewicht. Es bestärkt sie in dem

Gefühl, dass sie ihre Situation schon irgendwie bewältigen werden.

Lachen gehörte in unserer Familie dazu. Das ging von unserer Mutter aus, die gerne gelacht und dadurch der Familie eine heitere Grundstimmung vermittelt hat. Auch im Zusammensein mit anderen Frauen ist mir dieses heilsame Lachen immer wieder begegnet. Ich habe es als starke Kraft von Frauen neu schätzen gelernt.

Wir haben immer die Wahl, wie wir auf Menschen und Situationen reagieren, denn wir können uns entscheiden, ob wir uns am Ärger festbeißen oder uns auch durch Humor wieder davon lösen wollen. Wir stärken uns selbst, wenn wir die Lachende in uns neu entdecken und unsere Lebensfreude aus uns herauslassen.

Tamar – die wilde Frau

Der Archetyp der wilden Frau möchte die Frau in Berührung bringen mit ihrer ursprünglichen Kraft, mit der Quelle, die in ihr strömt, mit dem ungebändigten, unverfälschten Potenzial, das in ihr steckt. Die wilde Frau lässt sich nicht von außen bestimmen. Sie passt sich nicht den Normen an, die andere ihr vorschreiben. Sie lebt nach ihrem eigenen Maß.

Das Alte Testament hat uns in Tamar ein Urbild einer wilden Frau beschrieben. Als ihr Schwiegervater Juda ihr nach dem Tod der ersten beiden Söhne den dritten Sohn als Mann verweigerte und sie – weil sie keine Nachkommen hatte – damit zum Sozialfall machte, griff sie zur List. Sie setzte sich als Hure an den Weg. Juda erkannte sie nicht und ging zu ihr. Tamar wurde schwanger. Als Pfand für die Liebesnacht ließ sie sich von Juda seinen Siegelring geben. Als ihre Schwangerschaft offensichtlich wurde und man sie wegen Unzucht verbrennen wollte, zeigte Tamar den Siegelring vor. Damit war sie rehabilitiert. So bekam sie Recht und gebar bald darauf Zwillinge.

Tamar hat ihr Recht auf Leben erkämpft, durch List und durch Einsatz ihres Körpers. Sie repräsentiert die Freiheit der wilden Frau. Eine solche Frau erduldet nicht passiv, sondern ergreift selbst die Initiative und riskiert unter Umständen dabei ihr Leben. Doch sie ist mutig und erkämpft sich ihr Recht auf Leben.

Die wilde Frau ist zugleich die freie Frau. Frei, weil sie unabhängig ist von den Urteilen der Menschen. Die wilde Frau richtet sich nicht nach den Menschen, sondern nach ihrer Intuition. Diese Intuition ist oft in den Frauen verschüttet. Wir finden sie, wenn wir aufmerksam in uns hi-

neinhören und empfänglich sind für das, was wir im Innersten spüren.

Es ist diese Sehnsucht nach Leben, die uns dazu bringt, zündende Ideen zu entwickeln und leidenschaftlichen Einsatz zu zeigen, wenn wir uns wie Tamar eine neue Perspektive für unser Leben geben wollen. Wenn wir warten, bis es andere für uns tun, bleiben wir abhängig.

Die wilde Frau in uns setzt ihre eigenen Kräfte dafür ein, dass sich etwas im Leben verändert. Sie spürt, was für sie stimmt, und sie handelt daraus, auch wenn es anderen ungewöhnlich erscheint. Sie vertraut ihrer inneren Stimme mehr als den Stimmen von außen, die sie oft in die Anpassung zwingen wollen. Sie folgt ihrem Instinkt, dem Vertrauen in ihre innere Kraft. Das macht sie zur wilden und innerlich freien Frau. Dann zeigt sie sich, wie sie ist. Sie ist echt und klar in ihrem Ausdruck, sie bringt die Dinge auf den Punkt.

Eine Frau, die diese Klarheit in ein Gespräch einbringt, wirkt immer erfrischend. Und sie steckt an. Wer innerlich frei ist, kann – und das ist für mich der wichtigste Aspekt – auch jeden anderen frei sein lassen.

Schlusswort

Die Archetypen, die wir hier angesprochen habe, decken nicht die ganze Vielfalt des Frauseins ab. Doch sie zeigen, was Frauen bewirken können, wenn sie sich nicht von anderen bestimmen lassen, sondern aus eigener Kraft leben.

Die Frauen, von denen die Bibel uns erzählt, waren keine Idealfrauen. Sie haben oft erst zu ihrer Stärke gefunden, nachdem sie gescheitert, ganz unten waren. Sie haben lange auf Lösungen durch andere gewartet, bis die Not immer größer wurde. Erst dann haben sie erkannt, dass die Lösung in ihnen selbst lag. Diese Frauen haben gespürt, dass sie alle Kräfte in sich tragen, die sie brauchen, um ihre Not zu wenden.

So wünsche ich allen Frauen, dass sie das Potenzial entdecken und entfalten, das in ihrer Seele bereitliegt, und so unsere Welt mit weiblichen Werten erfüllen und sie dadurch menschlicher machen.

Wir leben nicht immer alle Bilder gleichzeitig, manchmal drücken wir nur einen Aspekt aus. Es geht auch nicht darum, immer die wilde Frau oder die Königin zu sein. Unsere Weiblichkeit ist vielseitig. Wir können in der jeweiligen Situation fragen: Welche Seite meines Frauseins fehlt mir hier? Welches Bild würde mir hier Kraft geben, wozu habe ich Lust, was würde mir Freude machen zu leben? Unsere Kräfte sind uns gegeben, um sie einzusetzen und uns an ihnen zu freuen.

Ich möchte allen Frauen Mut machen, ihrem weiblichen Gespür zu trauen und ihre Stärken zu zeigen. Ich möchte sie dazu ermuntern, sich an ihrem Frausein zu freuen und zu leben, was sie sind.